dtv

»So ein schönes Wetter und Du bist nicht da!«
Keine Frage: Man kommt besser durchs Jahr, wenn man von einem geliebten Menschen begleitet wird und das, was man spürt und erlebt, mit ihm teilen kann. Wenn man sich gehalten fühlt, gewärmt, geborgen – und beschenkt: zum Beispiel mit einem ganz speziellen, liebevollen, täglich neuen und gleichzeitig immerwährenden Herzstück. 366 solcher Schätze sind hier zusammengetragen.

Ulrike Ehmann ist freie Lektorin in München, *Rosemarie Mailänder* arbeitet in einem Münchner Verlag. Bei dtv ist von ihnen erschienen: ›Du bist mein Leben, meine Welt. Liebeserklärungen für 1001 Nacht‹ (20889).

Ein Tag ohne dich ist kein Tag

366 Herzstücke

Herausgegeben von
Ulrike Ehmann und Rosemarie Mailänder

Deutscher Taschenbuch Verlag

Von Ulrike Ehmann und Rosemarie Mailänder ist
im Deutschen Taschenbuch Verlag erschienen:

›Du bist mein Leben, meine Welt‹ (20889)

Originalausgabe
September 2007
© Deutscher Taschenbuch Verlag GmbH & Co. KG,
München
www.dtv.de
Das Werk ist urheberrechtlich geschützt.
Sämtliche, auch auszugsweise Verwertungen bleiben vorbehalten.
Umschlagkonzept: Balk & Brumshagen
Umschlagbild: Lali/Les Correspondances
Satz: Greiner & Reichel, Köln
Gesetzt aus der Legacy Serif 10,5/11˙
Druck und Bindung: Druckerei C. H. Beck, Nördlingen
Gedruckt auf säurefreiem, chlorfrei gebleichtem Papier
Printed in Germany · ISBN 978-3-423-21009-6

Wo bist Du?

Ach hier –

in meinem Herzen

JANUAR

1

Glückliches neues Jahr, mein Liebster!
Daß Sie alles Glück bekommen,
das Sie verdienen, es würde viel sein.
Simone de Beauvoir an Nelson Algren

2

Du weißt ja: »Neues Jahr, neues Glück«,
und in diesem Jahr wird Deine Kleine keine
Zuckermandel zu sieben Pesos das Kilo sein,
sondern die süßeste und leckerste, die es je
gegeben hat, damit Du sie ratzeputz vernaschst.
Frida Kahlo an Alejandro Gómez Arias

3

Spüzz deinen Purpur-Mund /
Dein Duppel Kugel-Rund
füll mir die Finger!
Verstrikk / verfässle mich /
du kleiner Wütherich /
du Hertz-Betzwinger!
Arno Holz, Er freut sich / daß es Winter ist.

4

Ich liebe dich mit ganzer Seele und ganzem Leib,
anständig und unanständig, auf jede Art,
wie man eine Frau überhaupt lieben kann.
George Bernard Shaw an Ellen Terry

JANUAR

5 Die schönste Zauberlandschaft
bist mir Du.
Karl Kraus an Sidonie Nádherný von Borutin

6 Du mein hellster,
einziger Stern,
ohne den die anderen
nimmer leuchten könnten.
Iwan an Claire Goll

7 Liebe bedeutet mehr,
als für den anderen
nur ein großer Star zu sein.
Henry Miller an Brenda Venus

8 Du bist eine Notwendigkeit
und ein Luxus.
Zelda Sayre an F. Scott Fitzgerald

JANUAR

9 Es ist wunderschön, daß es Dich gibt. Als Egoist würde ich sagen: Ohne diesen Stabilisierungsfaktor wäre ich nicht seegängig. Als Egozentriker sag ich: Ich bin sehr glücklich über Deine Liebe zu mir. Sehr!
Horst Janssen an Gesche Tietjens

10 Um wieviel leichter ist alles, wenn man einen an der Seite hat, der zu einem hält, der einem den kleinen Finger gibt und der abends da ist. Und wärmt. Und scheint. Und der immer ... zu verstehen gibt, daß er zu einem gihört. Auch an den grauen Tagen. Grade an den grauen Tagen.
Kurt Tucholsky an Mary Gerold

11 Schlechtes Wetter draußen. Na, da brauche ich nicht spazierenzugehen. Hat ja viel für sich, wie Du weißt. Ich gehe nicht gern ohne Dich spazieren.
Hannah Arendt an Heinrich Blücher

12 Zu Dir und mit Dir ist jeder Weg schön, wohin es auch gehen mag. Und von Dir fort ist jeder Weg traurig und regnerisch.
Maria von Wedemeyer an Dietrich Bonhoeffer

JANUAR

13
Ich bin zu jedem Tempo,
das Du einschlägst, zu haben. ...
Ich stürze mich in Deine Abenteuer!
Karl Kraus an Sidonie Nádherný von Borutin

14
Mache nur die Arme weit auf
und sorge dafür,
daß wir allein sind.
Paula Modersohn-Becker an Otto Modersohn

15
IDEALES ZUSAMMENSEIN

Nähe ohne Beengung
Geben ohne Erwartung
Zärtlichkeit ohne Absicht
Spiel ohne Kampf
Vertrautheit ohne Ansprüche
Liebe ohne Forderungen
Zauber ohne Ende
Hans Kruppa

JANUAR

16 Sie zu treffen war einer der größten Glücksfälle
meines ganzen Lebens.
Simone de Beauvoir an Nelson Algren

17 Ich habe gehofft, daß du mich gleich, auf der
Straße, in der Frische der Nachtluft küssen
würdest. Das ist der beste Augenblick, und
du hast mich wirklich geküßt nach einer
Annäherung in der allerlangsamsten Anflug-
geschwindigkeit.
Roger Willemsen, Kleine Lichter

18 fang auf – fang auf – bis – bis – bs – bs – lauter
busserln fliegen in der luft für dich – – – bs –
da trottelt noch eins nach –
Wolfgang Amadeus an Constanze Mozart

19 Ich liebe dich, ich küsse dich
im Sitzen und im Liegen.
Wenn wir einmal Engel sind,
dann küss' ich dich im Fliegen.
Unbekannt

JANUAR

20
Glücklichsein beginnt immer
Ein wenig über der Erde.
Karl Krolow, Ziemlich viel Glück

21
Liebe ist etwas Leichtes.

Wie könnte sie sonst
so hoch über die Grenzen
der Welt hinausfliegen,
so anmutig und sanft
die Schwerkraft der
Ängste und Zweifel besiegen?
Hans Kruppa, Liebe ist etwas Leichtes

22
Warum ist der Winter kalt?
Damit die Liebenden dicht aneinander liegen.
Die Liebe ist Erdanziehung anderer Art.
Roger Willemsen, Kleine Lichter

23
Ich weiß, daß für uns beide der andere der
magnetische Nordpol ist und daß die Kompaß-
nadel vielleicht hin und her zucken und sogar
an anderen Punkten steckenbleiben wird, aber
daß sie früher oder später zum Pol zurückkehrt.
Harold Nicolson an Vita Sackville-West

JANUAR

24 Eben darin besteht ja die Liebe,
das Wunderbare an der Liebe,
daß sie uns in der Schwebe
des Lebendigen hält, in der Bereitschaft,
einem Menschen zu folgen in allen
seinen möglichen Entfaltungen.
Max Frisch, Tagebuch

25 Meine Liebe fragt
nicht, wohin es noch gehn soll,
sieht kein Ende ab,
weiß nur eines: o wäre
bei dir ich, ich wäre am Ziel.
Ooshikôchi no Mitsune

26 Du bist ich und ich bin Du, und wir zwei sind im
Geiste und im Herzen eins; niemand kann uns
trennen, niemand kann uns aneinander irremachen und über allen Dingen der Erde steht für
uns unsere Liebe. Ist es so?
Otto Julius Bierbaum an Gemma Pruneti Lotti

JANUAR

27 HÖHERE MATHEMATIK

Du
und ich
und wir.
Wir drei
sind beide
eins.
Ernst Ferstl

28 EINMALEINS

Ich will es lernen,
dein Einmaleins,
will mit dir
malrechnen,
Tag für Tag.
Die Ergebnisse
tragen wir
im Herzbuch ein.
Christian Mägerle

29

Glaubst du eigentlich
an ein Lieben danach?«

»Ich weiß nicht.
Ich glaub nur, was ich fühle.«
Peter-T. Schulz, Was glaubst du denn?

JANUAR

30 Wenn man liebt, kommt man in den Himmel und liebt für die Ewigkeit, denn die Liebe hört nie auf.
Katharina Knopp

31 DER GARTEN

Abertausend Jahre Zeit
Fassen nicht
Die kleine Sekunde Ewigkeit
Da du mich küßtest
Da ich dich küßte
Eines Morgens unterm Wintersonnenlicht
In einem Park zu Paris
Zu Paris
Auf dieser Erde
Die ein Stern ist.
Jacques Prévert

FEBRUAR

1

Jeder Tag ohne die, die man liebt,
ist ein verlorener Tag.
Verschwendetes Herzensgold.
Jean Cocteau an Jean Marais

2

DU WEISST ZUR STUNDE IHN AN FERNEM ORT

Du weißt zur stunde ihn an fernem ort
Mit dem verstand begreifst du seine ferne
Du weißt, es liegen zwischen ihm und dir
ein himmel sonne und ein himmel sterne

Und doch trittst du ans fenster immerfort
Reiner Kunze

3

Ach, Liebster, wie düster ist die Welt,
und wie verloren ich in ihr,
wenn wir nicht beisammen sind.
Hannah Arendt an Heinrich Blücher

4

Schreib mir, was du anhast! Ist es warm?
Schreib mir, wie du liegst! Liegst du auch weich?
Schreib mir, wie du aussiehst! Ist's noch gleich?
Schreib mir, was dir fehlt! Ist es mein Arm?
Bertolt Brecht, Fragen

FEBRUAR

5
Mein Liebster, Du fehlst mir an allen Ecken und Enden. An Letzteren besonders, den Enden des Tags.
Claire an Iwan Goll

6
Ich habe heute so auf ein Brieflein von Dir gewartet ... Schreibe bald recht viel aus Deinem Herzen heraus, einfach und ungestüm.
Joachim Ringelnatz an Muschelkalk

7

Liebste Helen,
dein Brief kam warm und frisch
wie eine braune Semmel
aus dem Ofen deines Herzens.
Arnold Zweig an Helene Weyl

8

Ich küsse Deinen Brief und schnuppere an ihm, um einen Hauch von Dir zu fühlen, und sehe das Couvert an und bin geneigt, die Welt und ihre Einrichtungen schön und gut zu finden, insbesondere das Postwesen.
Ninon Dolbin an Hermann Hesse

FEBRUAR

9

Jetzt bekomme ich wahrhaftig Herzklopfen,
wenn ich Deine Schrift auf einem
Umschlag sehe. So weit sind wir!
Wer hätte das gedacht!
Christine Brückner an Otto Heinrich Kühner

10

Puls: 200
 Blutdruck: 190:95
  Geisteszustand: verwirrt
   Konzentration: gleich Null
  Sehnsucht: unendlich
   Diagnose: nicht überlebensfähig
    ohne SMS von Dir
     Unbekannt

11

HANDY

Vom anderen Ende der Welt
Kam deine Botschaft
Direkt in mein Herz
Gelobt sei die Technik
Alle- für dies eine Mal
Brigitta Rambeck

FEBRUAR

12 Würdest Du, wenn ich Dich anrufen würde,
sagen, daß Du mich magst?
Wenn ich Dich treffen würde, würdest Du mich
küssen? Wenn ich im Bett wäre, würdest Du –
Virginia Woolf an Vita Sackville-West

13 Wenn ich Dich hier bei mir hätte
und wir allein wären,
würde ich Dir zeigen,
daß ich Dich noch liebe –
keine zehn Minuten,
und Du wüßtest bestens Bescheid!
Radclyffe Hall an Evguenia Souline

14 Ich liebe Dich.
Das ist alles, was ich weiß.
Dylan an Caitlin Thomas

15 Vielleicht noch dies: daß dein Glück mein Glück
ist, und dein Lachen mein Lachen, und deine
Freude meine Freude. Daß ich dich froh machen
will und daß ich da bin für dich, immer.
Erich Maria Remarque an Marlene Dietrich

FEBRUAR

16 Leicht muß man sein:
mit leichtem Herz und leichten Händen,
halten und nehmen, halten und lassen …
Hugo von Hofmannsthal, Der Rosenkavalier

17 Früher hatte ich geglaubt, man könne sein Herz
hierhin und dorthin lenken, ganz nach Belieben,
man könne nach Lust und Laune mit ihm um-
springen. Aber nun weiß ich, daß es nicht so ist,
ja daß es einem nicht einmal gehört. Sondern
einem Mädchen mit Namen Clara.
Juan Rulfo an Clara Aparicio

18 Du darfst nie – nie an die Dinge denken, die Du
mir nicht geben kannst. Du hast mich mit dem
teuersten Herzen, das es gibt, beschenkt – und
das ist so verdammt viel mehr als alles, was sonst
jemand auf der ganzen Welt je besessen hat –
Zelda Sayre an F. Scott Fitzgerald

19 Dich zu lieben ist mein Leben,
es ist mein einziges Leben,
ich habe kein anderes.
Gisèle Lestrange-Celan an Paul Celan

FEBRUAR

20 Jetzt wo ich die Teekanne
– wie oft gebraucht,
dann zur Seite gestellt –
wieder aus dem Schrank nehme,
sehe ich sie plötzlich
– verbunden mit unseren Jahren –
mit Zärtlichkeit,
sehe ich den von Schneeflocken
punktierten Tag,
an dem du sie gebracht
und auf den Tisch gestellt hast.
Walter Helmut Fritz

21 Unser Anfang. Ich wünsche mir
diesen Anfang immer wieder,
denn als wir anfingen, war ich doch
noch gar nicht richtig wach!
Roger Willemsen, Kleine Lichter

22 Zu dieser Stunde schläfst Du wohl ..., und ich
öffne ein Fenster, damit der Wind Dich herein-
trägt, ohne Dich zu wecken.
Pablo Neruda an Albertina Rosa

FEBRUAR

23 Natürlich hast Du allen Schlaf mitgenommen!
Da lag ich nun und schluckte alle Stunde
ein weiteres halbes Tablettchen ... dachte über
Frühlingsreisen nach ... landete am Bodensee,
Nähe Meersburg, Überlingen, wo man wandern
könnte, Bötchen fahren, Wein trinken. Wir
müssen das überlegen bzw. überlingen!
Christine Brückner an Otto Heinrich Kühner

24 Ich freue mich kindisch auf diesen Frühling!
Schon an sich war er mir zu allen Zeiten so wert,
sein Eintritt jedesmal meinem Herzen ein Fest.
Nun erst mit Dir. Wenn ich ein Schwärmer bin,
dann bin ich es an einem Frühlingsmorgen
oder -abend geworden.
Joseph Görres an Katharina von Lassaulx

25 Ich bin heute so glücklich, daß ich gern eine
Fahne aus meinem Fenster hängen würde – ...
Ich liebe Dich.
Katherine Mansfield an Garnett Trowell

26 Liebe mich und sage es mir,
halte die Zeit an.
Erich Maria Remarque an Marlene Dietrich

FEBRUAR

27 Ich habe keine Minute Zeit übrig.
So drängt sich die Arbeit.
Aber für Dich habe ich
jeden Tag ein Jährchen übrig,
und das Beste von dem,
was mein Herz birgt.
Joachim Ringelnatz an Muschelkalk

28 Die Zeit richtet sich nicht
nach der Uhr. Manchmal eilt sie,
manchmal verweilt sie. ... Ihre Dauer
richtet sich nach unserer Liebe.
Ernst Penzoldt, Sand

29 Welchen Tag haben wir
Wir haben alle Tage
Meine Freundin
Wir haben das ganze Leben
Mein Liebes
Wir lieben und wir leben
Wir leben und wir lieben
Jacques Prévert, Lied

MÄRZ

1

Es ist immer noch sehr kühl und ich könnte den warmen gelben Pullover gut gebrauchen. Gottseidank hast du darauf bestanden, daß ich den Kamelhaarmantel mitnehme. *Weil du eben ein großes Klugi bist!* Und sehr *niedelich* noch dazu! ... Ich glaube, ich bin einfach verrückt nach dir!
Kurt Weill an Lotte Lenya

2

Ich werde alles tun, es ihr bei mir warm und gemütlich zu machen, dachte ich, sie soll in mir einen guten Freund und Zuhörer haben, und ich wandte mich ihr zu und sagte, erzähl weiter, Mascha, ich höre dir gerne zu.
Christoph Bauer, Jetzt stillen wir unseren Hunger

3

Wessen Herz ist
wohnlicher als Deines?
Bettine Brentano an Achim von Arnim

4

Ich laufe herum und sage mir dauernd vor: »Ich habe es geschafft, daß dieses wunderbare Mädchen sich mir anvertraut, ich habe es geschafft.« Und dann springe ich mit einem Freudenschrei über das Sofa.
Walter Bagehot an Elizabeth Wilson

MÄRZ

5

Du Einzelstück!
Christine Brückner an Otto Heinrich Kühner

6

Als ich zum erstenmal dich sah,
Es war am sechsten Märze,
Da fuhr ein Blitz aus blauer Luft
Versengend in mein Herze.
Viktor von Scheffel, Der Trompeter von Säckingen

7

Vorgestern bin ich von der Zugspitze auf Skiern heruntergefahren: himmlisch-schöne, höllisch-anstrengende Tour. Alles glatt abgelaufen. Heute wieder Frühling hier, von dem ich Dir ein Kuß-lüftchen sende.
Iwan an Claire Goll

8

Je länger ich über die Frauen nachdenke, desto mehr bin ich davon überzeugt, daß sie das Beste sind, was wir in dieser Art haben.
Georg Christoph Lichtenberg

9

Ich weiß nicht, ob ich Dich küssen
oder an den Ohren ziehen soll!
Radclyffe Hall an Evguenia Souline

MÄRZ

10 Du bist der Beste von allen, die da auf der Erde herumzigeunern.
Adele Sandrock an Arthur Schnitzler

♥

11 Die Kilometer
haben Beine bekommen
die Sieben Meilen
haben Stiefel bekommen
Die Stiefel laufen alle
davon zu dir
Erich Fried, Der Weg zu dir

♥

12 Einstweilen habe ich mich damit beschäftigt, das Ausmaß meiner Liebe zu berechnen, und dabei kamen 685 Kilometer auf der Landstraße heraus. Das heißt, von hier bis zu Dir. Dort hört sie auf.
Juan Rulfo an Clara Aparicio

♥

13 Auf der ganzen Reise dachte ich nur an Dich und hatte Dich mit jedem Kilometer lieber.
Iwan an Claire Goll

♥

MÄRZ

14
Auf dem Staub
  der Windschutzscheibe:
    I ♥ U
John McDonald

15
Die Entfernung ist für die Liebe
wie der Wind für das Feuer.
Das starke facht er an,
das schwache bläst er aus.
Laotse

16
STANDORT

Du gehst mir nach,
du gehst mir nah,
und ich bin weit
davon entfernt,
mich von dir
zu entfernen,
stehe ich doch
zu deiner freien
Verführung.
Hans Kruppa

MÄRZ

17 Schön fühlt sichs an
im baumwollhemd
schöner im seidenhemd
am schönsten haut an haut
Christa Reinig, Müßiggang ist aller Liebe Anfang

18 Und nun Küßchen,
wohin Du magst.
Wohin magst Du?
Erich Kästner, Briefe aus dem Tessin

19 Heute morgen, als ich aufstand, ging ich
gleich in den Garten. Nun wissen die Vögel
unterm Himmel auch, daß wir uns lieben,
denn die Kresse kommt durch; Dein C bricht
zuerst heraus.
Theodor Storm an Constanze Esmarch

20 Ich schnitt' es gern in alle Rinden ein,
Ich grüb es gern in jeden Kieselstein,
Ich möcht es sä'n auf jedes frische Beet
Mit Kressensamen, der es schnell verrät,
Auf jeden weißen Zettel möcht ich's schreiben:
Dein ist mein Herz, und soll es ewig bleiben.
Wilhelm Müller, Ungeduld

MÄRZ

21
Wir sind nicht auf Gedeih
und Verderb zusammen,
sondern nur auf Gedeih.
Roger Willemsen, Kleine Lichter

22
O Du Liebes, Heiteres, Trauriges, Gescheites,
Zärtliches, Brauchbares!
Wie hab ich Dich lieb!
Otto Heinrich Kühner an Christine Brückner

23
Ich staune und staune, daß ich in Dir lauter
Freude, Liebe, Geduld und Stärke finde – ich
kann es zwar nicht begreifen, aber glauben kann
ich es und mich daran festhalten und durch und
durch froh und glücklich darüber werden.
Dietrich Bonhoeffer an Maria von Wedemeyer

24
Die Vernunft kann nur reden.
Es ist die Liebe, die singt.
Joseph de Maistre

MÄRZ

25
Du meine Neunte letzte Sinfonie!
Wenn du das Hemd anhast mit rosa Streifen ...
Komm wie ein Cello zwischen meine Knie,
und laß mich zart in deine Seiten greifen!
Erich Kästner, Nachtgesang des Kammervirtuosen

26
Hörst du wohl jetzt auf!«
Sagt sie das in leisem Ton,
steht mir Glück bevor.
Senryu

27
FAST

Abend im März. Glückselige Musik
von Amseln und alten Meistern.
Er rief an. Ich hätte ihm fast
die verbotenen Drei Wörter gesagt.
Ulla Hahn

28
Ich hab Dich so lieb! – Herzele! Liebstes! Mal
werd ich ein ganz neues Wort finden – Eines!?
Noch hundert neue Worte werd ich finden,
Dir zu sagen, daß ich glücklich bin wie nie.
Christine Brückner an Otto Heinrich Kühner

MÄRZ

29
Dieser Blütenzweig
schließt in jedem Blütenblatt
hundert Worte ein,
die ich gerne dir gesagt –
Bitte, nimm ihn freundlich an –
Fujiwara no Hirotsugu

30
Komm, wir wollen küssen üben,
du von hüben, ich von drüben!
Peter-T. Schulz, Komm, wir wollen!

31
MÄRZKÜSSE

Es kroküßt und es primelt
Im Garten und am Bach.
Ein Spatzenpaar verkrümelt
Sich selig unters Dach.

Paarweise wird gewandelt,
Geturtelt und geküßt
Und fröhlich angebandelt,
Weil endlich Frühling ist.

Nun küßt der Wal die Walin,
Die Nerzin küßt den Nerz,
Ein Herr küßt die Gemahlin,
Kroküsse küßt der März.
James Krüss

APRIL

APRIL

1

SURREALISTISCHER VIERZEILER

Gestern trat ein Fräulein an mein Bette
Und behauptete, die Märchenfee zu sein,
Und sie fragte mich, ob ich drei Wünsche hätte,
Und ich sagte, um sie reinzulegen: nein!
Werner Finck

2

Ich wünsche, daß meine Liebe
Sie sehr zart und warm umhüllt
und Sie sich sehr wohl darin fühlen.
Wissen Sie, Liebster, ich liebe Sie so sehr.
Simone de Beauvoir an Nelson Algren

3

In deine Liebe bin ich
      wie in einen Mantel eingeschlagen.
Ernst Stadler, Glück

4

Er ist gekommen
In Sturm und Regen,
Er hat genommen
Mein Herz verwegen.
Nahm er das meine?
Nahm ich das seine?
Die beiden kamen sich entgegen.
Friedrich Rückert, Er ist gekommen

APRIL

5

Frühlingsregen:
  sich aneinanderklammern
    unter einem Schirm.
  Natsume Soseki

♥

6

Du mußt mir erhalten bleiben, ich bin sonst herrenloses Gut und muß aufs Fundamt. Hätte nie geglaubt, daß die Regenschirme dort unglücklich sein können, aber nach mir zu schließen, müßten sie es sein.
Hermann Broch an Ea von Allesch

♥

7

Wer dich gefunden hat, weiß,
warum er in der Welt ist.
Johann Wolfgang von Goethe an Charlotte von Stein

♥

8

Es ist so selten, so ganz selten, daß eine Frau einmal beides zugleich ist: Gefährtin und Geliebte. ... Ich bin sehr froh, einmal eine gefunden zu haben, die – immer, ja? – beides ist und sein wird: eine liebe Gefährtin am Tag und – das andere.
Kurt Tucholsky an Mary Gerold

♥

APRIL

9
Eigentlich hast du mir wenige Geständnisse gemacht, und daran sollte ich merken, es war dir ernst.
Roger Willemsen, Kleine Lichter

♥

10
Ich habe eine Million Dinge,
weniger Dir zu sagen,
als in Dich zu versenken.
Virginia Woolf an Vita Sackville-West

♥

11
Der Regen rauscht derartig, daß ich, davon fasziniert, vor der Zeit ins Bett krieche. Diesbezüglich sind wir derselben Meinung: Regen ist Einschlafmusik und Zweischlafmusik. Also: Gute Nacht.
Erich Kästner, Briefe aus dem Tessin

♥

12
Ich rede immer abends
mit Dir und dann küsse ich
Dich und lege Dich ins Bett.
Das dauert meist lang.
Bertolt Brecht an Marianne Zoff

♥

APRIL

13 Komm, daß ich mit dir schlafe
und dich halte durch die Länge der Nacht.
Paul Claudel

❤

14 Leg meinen Traum
zu deinem
sie liegen gern
unter einer Decke

Herz in Herz
ein Augenblick ein Jahrhundert
Rose Ausländer, Verbundenheit II

❤

15 Du sollst wissen,
daß Du mein Herz berührt hast.
Henry Miller an Hoki Tokuda

❤

16 Habe ich auch dein Herz berührt?«
»Du hast mein Herz nicht berührt, sondern hast
es umgedreht. Ich war ganz krank damals. Ich
war nicht mehr jung«, sagte ich, »fast dreißig –
aber du hast mir das Herz herumgedreht. Ich
glaube, so nennt man es. Ich liebe dich sehr.«
Heinrich Böll, Und sagte kein einziges Wort

APRIL

17 DIESES KLEINE GEDICHT

kann dir
den Kopf verdrehen:
ich
liebe dich
Peter Jepsen

❤

18 Wo, in welchem Dunkel oder Dickicht wartest Du?
Es müßte immer wieder dornröschenhaft
zugehen, Du Wachzuküssende!
Karl Kraus an Sidonie Nádherný von Borutin

❤

19 Und dann ist es hier soweit, daß wir da, wo diese
Eichenreihe am Ende eines Weges steht, daß wir
da im Gras kuscheln können ohne Nierenver-
kühlung. Du Knackfrisch. Und die Kapuziner-
kresse macht den grünen Teppich her für den
Empfang Eurer Exzellenz.
Horst Janssen an Gesche Tietjens

❤

20 Mein Geliebter, da es Ihnen gefällt zu planen,
planen Sie einfach, was Sie mit mir machen
möchten, und mir wird es Spaß machen.
Simone de Beauvoir an Nelson Algren

❤

APRIL

21 Du kleiner Streich
des Himmels.
Juan Rulfo an Clara Aparicio

22 Du bist für mich das Fenster,
durch das ich in eine andere Welt
schaue, mach es mir auf, so weit
und so oft Du's kannst.
Fritz Hartnagel an Sophie Scholl

23 Sei sicher, daß Du
unverändert geliebt
und geborgen
an meiner Hand gehst –
wenn Du magst.
Gottfried Benn an Ursula Ziebarth

24 Vagabund! Vielnutz! Lieber! ...
Ich glaube, wir wollen uns doch nicht wieder
trennen.
Christine Brückner an Otto Heinrich Kühner

APRIL

25 Wie kommt es nur,
daß ich
leichten Herzens
zu dir komme –
und schweren Herzens
von dir gehe?
Ernst Ferstl, Das Gewicht des Herzens

♥

26 Dem Geliebten entgegengehen beflügelt den
Schritt, und mit dem Geliebten heimgehen ist
der Inbegriff aller Seligkeit.
Bettine von Arnim

♥

27 Viel Liebe zu Dir
ist in diesem Haus
und in meinem Herzen.
Iwan an Claire Goll

♥

28 Ich möchte mal
ein ganz klein wenig
ja?
Christa Reinig, Müßiggang ist aller Liebe Anfang

♥

APRIL

29
Viel schon ist getan,
mehr noch bleibt zu tun«,
sprach der Wasserhahn
zu dem Wasserhuhn.
Robert Gernhardt

♥

30
Wenn ich jetzt an Dich denk, mein' ich grad, ich wollt' Dich gar nie mehr ärgern & aufziehen, sondern immer sein wie ein Engel! O schöne Illusion! Aber gelt, Du hast mich sonst auch gern, wenn ich auch wieder der alte Lump bin, voll von Kapricen, Teufeleien und launisch wie stets!
Albert Einstein an Mileva Marić

MAI

MAI

1

Der Mai ist da. Der Vogel Pirol pfeift.
Es geht was um.
Und wer sich dies und wer sich das verkneift,
der ist schön dumm.
Kurt Tucholsky, Sehnsucht nach der Sehnsucht

♥

2

Du bist ein Schlingel
und hast mir meine Seele gestohlen;
Gott gebe, daß Du sie gut bewahrst.
Annette von Droste-Hülshoff an Levin Schücking

♥

3

Alles, was von Dir kommt, wandert direkt in
mein Herz und wird in der zweiten Schublade
der rechten Kammer, wo alle Heiligtümer liegen,
aufbewahrt.
Claire Goll an Rainer Maria Rilke

♥

4

Ich hab noch ein Bildchen von Dir, das ich so
sehr lieb habe. Das habe ich weggegeben, um es
einrahmen zu lassen. Es ist am Rand ausgezackt
wie eine alte Fahne. Ein wildes Bild.
Hugo Ball an Emmy Hennings

♥

MAI

5
Du bist ...
wie der Wind in den Bergen,
der einen mit sanften Böen
zärtlich beutelt.
Juan Rulfo an Clara Aparicio

❤

6
Heute war so ein müder Frühlingstag, mit einer
Luft, so weich, daß man sich hätte an sie anlehnen
mögen. Ich habe in der Sonne gelegen, und wenn
ich die Augen zumachte und der leichte Wind
über mein Gesicht strich, war es, als wärest du da.
Erich Maria Remarque an Marlene Dietrich

❤

7
Ich küsse Dich ganz lang, stell es Dir
genau vor, mach die Augen zu,
gehnaherher zu mir, küß ein bissel mit,
und mach ein helles Visäschchen!
Bertolt Brecht an Paula Banholzer

❤

8
Mit Humor kann man Frauen am leichtesten
verführen, denn die meisten Frauen lachen gerne,
bevor sie anfangen zu küssen.
Jerry Lewis

❤

MAI

9 Hier sind einige Blumen und bedeutend mehr Küsse!
Die Blumen behalte; die Küsse mußt du mir wiedergeben.
Arthur Schnitzler an Adele Sandrock

♥

10 Lieber Liebster,
wie schön blüht Dir der Maien! Soll er! Blühen und grünen und die Kuckücke sollen nur für Dich rufen.
Christine Brückner an Otto Heinrich Kühner

♥

11 Am Weg zu dir blüht wild der Klee.
Ich glaub, er weiß, wohin ich geh!
Peter-T. Schulz, Wilder Klee

♥

12 Du sitzt gegen das licht
der himmel scheint durch dich hindurch
aus deinen augen
strahlt er mich an
Christa Reinig, Müßiggang ist aller Liebe Anfang

♥

MAI

13
Die Erfahrung lehrt uns, daß Liebe nicht darin besteht, daß man einander ansieht, sondern daß man gemeinsam in die gleiche Richtung blickt.
Antoine de Saint-Exupéry

♥

14
Und damit Du Dich nicht irrst
Und mir eines Tages untreu wirst
Mit einem – was weiß ich –
Polizisten, Bäcker oder Drucker,
Vergiftete ich am liebsten Dich
Mit einer Überdosis Traubenzucker. ...

Statt eines Briefs ... Du bist ja – gottlob! –
für Albernes zu haben.
Otto Heinrich Kühner, Liebeslied für Christine Brückner

♥

15
Ich bin Dir heut noch treuer geworden, als ich es bisher schon war; zu meiner Liebe kam noch die Verehrung und die Ehrfurcht vor der Heiligkeit Deines Genies.
Adele Sandrock an Arthur Schnitzler

♥

MAI

16 Du begreifst natürlich, daß man als gebildeter
Mann ohne Dich nicht leben kann.
Wladimir W. Majakowskij an Lilja Brik

♥

17 Ohne Dich weiß ich nie,
ob ich nicht gerade wieder einmal
im Begriff stehe, eine Mordsdummheit
zu machen. ... Wenn Du nur eben mal
hier sein könntest –
Hannah Arendt an Heinrich Blücher

♥

18 Du hast ja im Leben mit mir
allerhand gelernt. – *Du warst
eine dünne Rübe* und jetzt bist Du
ein sehr kluges *Spargi*.
Lotte Lenya an Kurt Weill

♥

19 Ich danke Dir mein Wohl,
mein Glück in diesem Leben. /
Ich war wohl klug, daß ich Dich fand.
Matthias Claudius, An Frau Rebecca

♥

MAI

20
Sie sind mein Sonnenschein, mein Mondschein und meine Sternschnuppe. Sie sind so schön, wie Sie schlau sind, und ich liebe Sie.
Simone de Beauvoir an Nelson Algren

❤

21
Hinter blühenden Apfelbaumzweigen
steigt der Mond auf.
...
Ich strecke mich selig ins silberne Gras
und liege da
das Herz im Himmel!
Arno Holz, Hinter blühenden Apfelbaumzweigen

❤

22
Ich träume zum Himmel hinauf und träume ihn mir hinunter, bis ich ganz genau weiß, wie es ist, dies und das, und wie es einmal für uns beide sein wird: heaven on earth.
Maria von Wedemeyer an Dietrich Bonhoeffer

❤

23
Du bist mein Mond und ich bin deine Erde;
Du sagst, du drehest dich um mich.
Ich weiß es nicht, ich weiß nur, daß ich werde
In meinen Nächten hell durch dich.
Friedrich Rückert, Du bist mein Mond

❤

MAI

24 Träume gibst Du meiner Nacht, Lieder meinem Morgen, Ziele meinem Tag und Sonnenwünsche meinem roten Abend. Du gibst ohne Ende.
Rainer Maria Rilke an Lou Andreas-Salomé

25 Ich atme leicht, wenn ich an Dich denke.
Ossip an Nadeshda Mandelstam

26 MOSAIK

Du bist ein Teil im Mosaik meines Lebens, ohne dich wäre das Bild nicht komplett, ohne dich wäre es um einen Farbtupfer ärmer.
Wolfgang A. Senft

27 Als ich Dich das erste Mal sah ... da wußte ich sofort, daß Du es warst, die ich gesucht hatte.
Juan Rulfo an Clara Aparicio

MAI

28 Ich sehne mich nach Deinen Augen und Worten, nach Deinen Händen und Hosen, nach Deinem liebrunden Popo, nach unserem Nest, nach Caféstündchen, Ruhe und Frieden.
Joachim Ringelnatz an Muschelkalk

29 Diese Sehnsucht ist so aufreibend. Ich hab' mich heut drauf ertappt, daß ich eine ganz dumme und geschmacklose hochzeitsreisende Gans drum beneidet habe, daß ihr gräßlicher Mann neben ihr ging. Das ist eigentlich schlimm.
Elly Knapp an Theodor Heuss

30 Ja, das ist ja der holde Mai!
Laß uns wandeln zu zwei und zwei
Durch den Hochwald auf blumigen Pfaden!
Wo das Auge des Himmels lacht,
Küssen wir, daß es man so kracht
Vom Genick hinab in die Waden!
Frank Wedekind, Frühlingslied

31 Du bist ein professioneller Zu-Herzen-Geher.
Roger Willemsen, Kleine Lichter

JUNI

JUNI

1

Zuckerwatte am Himmel
hunderte zerzupfte weiße Tupfen
daraus hervor eine Linie
grellweiß leuchtend
immer länger
immer weiter
Richtung Osten
Bist Du da mit an Bord?
Jutta Berger

2

Hat uns nicht die Weltgeschichte gezeigt,
daß es ohne Wagnisse keine Liebesgeschichten
gegeben hätte?
Mahatma Gandhi

3

Liebling, ich mag es, wenn Du mir Deine Zweifel
und Befürchtungen mitteilst, selbst wenn ich sie
nicht immer verstehen oder teilen kann.
Radclyffe Hall an Evguenia Souline

4

Ich nehme Dich auf meinen Schoß und halte
Dich in den Armen, und meine Hände gehen
durch Dein reiches offenes Haar. Und wir
gucken uns an ... und ich küsse Dir alle Sorgen
und Dummheiten von Stirne und Mund.
Theodor Heuss an Elly Knapp

JUNI

5
Alles, was sonst weh tut, ist fort,
wenn ich neben Dir sitze.
Maria von Wedemeyer an Dietrich Bonhoeffer

♥

6
Ich hab Dich immerlieb
(in einem Wort).
Claire Goll an Rainer Maria Rilke

♥

7
Kopfweiden, Birken, Pappeln, Felsen, Feldwege, Wiesen, kleine Dorfaus + eingänge, kleine Wasserpausen, Himmel, lange Geradeausstrecken. ... Ich möchte so gern mit Dir zusammen sehen, was hinter der nächsten Kurve liegt.
Horst Janssen an Gesche Tietjens

♥

8
UNTERWEGS MIT M.

Im Auto gemeinsam
unterwegs auf vergessenen Straßen
geborstene Wespen am Glas
platzender Regen
Sonne und Dunkelheit
und wieder Sonne: Wechsel
weniger Worte. Abwesendes
Beieinandersein. Sorglos.
Glück.
Günter Kunert

♥

JUNI

9
Ich sehe Sie neben mir sitzen
und mir zulächeln.
Wie mag ich dieses Lächeln!
Simone de Beauvoir an Nelson Algren

10
Wenn ich Dich von Zeit zu Zeit frage: bist Du
immer noch glücklich? und wenn ich dann
diesen Sonnenstrahl in Deinem Auge leuchten
sehe – das sagt mir alles.
Helene Bresslau an Albert Schweitzer

11
Meine Sonne
ist scheinen gegangen
in deinen
Himmel
Erich Fried, Eifriger Trost

12
Bist und bleibst Du mir
denn immer gut? Dies ist
die einzige Frage, die ich frage.
Bettine Brentano an Achim von Arnim

JUNI

13 Hierdurch bestätige ich meinem lieben Bärchen (das Erdbeerchen genannt), daß ich ihm sehr gut bin.
Paul an Anna Scheerbart

♥

14 Es ist gut, daß Du mir schreibst: Ich liebe Deine Briefe wie Whiskey und Kirschen und Rauch und Honig, und ich kann immer wenigstens die Hälfte Deiner Schrift entziffern.
Dylan Thomas an Emily Holmes Coleman

♥

15 Wie sehr die *Handschrift* von jemandem, den man liebt, etwas Sinnliches ist, das einen körperlich berührt, etwas Süßes, Nacktes, Warmes strömt von ihr aus, ein Geruch, ein Atem der Hände.
Gottfried Benn an Ursula Ziebarth

♥

16 Ich bin jetzt fast eine Woche weg und habe von Dir nur einen ausgerissenen Zettel bekommen, wo drauf steht, ich solle es alles steif halten. Woso schreibst Du nicht? Ich schreibe ümmer.
Kurt Tucholsky an Mary Gerold

♥

JUNI

17 Ach, mein Gott – es ist nichts mehr zu machen, man muß Dich nehmen, wie Du bist, und Dich *liebhaben* – aber als Du noch ein ganz kleiner Junge warst, hätte jemand wenigstens einmal »Pst« zu Dir sagen sollen!
Stella Patrick Campbell an George Bernard Shaw

18 Ich kann's gar nicht erwarten,
bis ich Dich wieder hab',
mein Alles, mein Lüderchen,
mein Gassenbub, mein Frätzchen.
Albert Einstein an Mileva Marić

19 Du kannst Noten mitbringen, es ist ein wunderbares Klavier da. Und die rote Zigeunerbluse, das blaue Kostüm, den braunen Federhut! Hadere nicht deswegen mit mir, Du darfst auch ohne das kommen.
Bertolt Brecht an Marianne Zoff

20 Und wenn wir erst wieder beisammen sind, legen wir alle unsere Fehler ab, besonders die Deinigen, und Du wirst sehn, was das für ein Leben wird: Du und ich!
Paul an Lily Klee

JUNI

21
Als ich eben – nicht mit hetzenden, aber langen Schritten – zur Post ging, Briefmarken zu kaufen, und zwar vor 18.00, setzte sich just die Abendsonne auf den Rand von Baur's Park, und mir fiel ins Herz, daß dies ein guter + schöner Sommer für uns wird.
Horst Janssen an Gesche Tietjens

22
Sonnenuntergang –
beim Küssen färben wir uns
allmählich orange.
Kevin Bailey

23
Die Sonne geht unter und wartet nicht;
der Mond geht auf, vollendet seinen Weg
und sieht sich nicht nach uns um.
Warum zögern wir also?
Bettine Brentano an Achim von Arnim

24
Der Sommer steigt – die Johannisfeuer auf den Bergen sind entbrannt – der Mond wird voller und voller – Fülle ringsum ... Und es treibt – mich wild in Deine Arme.
Iwan Goll an Paula Ludwig

JUNI

25 Die Sache wird bedenklich.
Was meinen Sie?
Theodor Heuss an Elly Knapp

♥

26 Alle sagen: lieben sei schwer, sei Aufgabe,
verlange vor allem guten Willen – und mir
scheint es so leicht, so ganz ohne Mühe, so
selbstverständlich und heiter.
Christine Brückner an Otto Heinrich Kühner

♥

27 Liebe ist wie ein Schmetterling im Bauch oder
wie zwei Eichhörnchen, die Fangen spielen.
Katharina Knopp

♥

28 Seit ich Dich kenne,
sitzt ein Echo auf jedem Ast
und ruft Deinen Namen.
Juan Rulfo an Clara Aparicio

♥

JUNI

29

Wenn ich eine Frau liebe,
laufen mir alle Bäume barfuß entgegen.
Nizar Kabani

30

FÜR DICH

unser Herz
nicht
in den Sand setzen
lieber
in den Lindenstamm ritzen
wo es weiterwächst
von Jahr zu Jahr
Eva-Maria Leiber

JULI

JULI

1

Komm und ich will Dich den Sommer lehren …
und im Winter geh ich dann bei Dir in die Schule.
Christine Brückner an Otto Heinrich Kühner

♥

2

AUSWENDIG LERNEN

Auswendig lernen möchte ich dich
wie ein Gedicht.

Immer wieder lesen
Silbe für Silbe Wort für Wort und
zwischen den Zeilen
strophenlang jahrelang lebenslang
dich buchstabieren
mit dem Gaumen des Herzens.
Ulla Hahn

♥

3

Man beschäftigt sich mit dem Namen,
den Initialen, der Handschrift, den Eigenheiten
des Sprechens, Atmens, Schluckens.
Jede kleine Hinterlassenschaft ist ein Zeichen.
Wie ein primitiver Wilder beginnt man,
die Natur zu benennen.
Roger Willemsen, Kleine Lichter

♥

JULI

4
Ich bin verliebt in jeden einzelnen Satz, in jedes Wort, in jeden Kringel Deiner Schrift.
Maria von Wedemeyer an Dietrich Bonhoeffer

♥

5
Die ersten Briefe
von ihm – sie überstehen
jedes Aufräumen.
Wanda Reumer

♥

6
Wie glücklich, wie leicht, wie rotweinberauscht ist Dein Brief von gestern. Wie freue ich mich, daß Dich das Leben schaukelt.
Iwan an Claire Goll

♥

7
Ich will Dich haben und den starken Sommer und die Ruhe und Dich und mich und Dich und Wasser und Dich und Dich küssen in Dein Gesicht und zu Dir gut sein.
Bertolt Brecht an Marianne Zoff

♥

8
Die Shorts, die Dir angeblich so gut stehen, werden sich sehr hübsch machen vor dem blaugrünen Wasser, obwohl nicht Dir die Shorts, sondern Du den Shorts gut stehst. Soviel ist sicher.
Juan Rulfo an Clara Aparicio

JULI

9 AN UND FÜR DICH

Ein bleicher weicher Kopfsalat
und ein kaputter Schuh;
ein nasser Hut, ein Stückel Draht –
viel schöner bist doch Du.
F. W. Bernstein

♥

10 Meine kleine gefiederte Ratte, meine Pimpernelle, meine kleine, ein wenig verrückte Frau, meine Liebste, wie geht es Dir?
Antoine an Consuelo de Saint-Exupéry

♥

11 Alles Käse ohne Dich.
Horst Janssen an Gesche Tietjens

♥

12 Ob ich noch den Spargelspitzensalat esse? Ach nein. Oder den Gervais? Auch nicht. Mir fehlt mein Liebchen als Mitesserin und Vorkosterin.
Erich Kästner, Briefe aus dem Tessin

♥

13 Als ich im Zug die Kirschen aß, hatte ich auf meinen Lippen wieder den Geschmack der Ihren.
Paul Celan an Gisèle de Lestrange

♥

JULI

14
Ich nähere mich Frankfurt, jener Grenze, wo es keine Butter-Laugen-Brezeln mehr gibt. Ich habe mich im Heidelberger Bahnhof noch einmal damit eingedeckt (frisch und knusprig) – ich könnte meine Seele dafür verkaufen, wenn nicht *Du* sie bereits besäßest.
Otto Heinrich Kühner an Christine Brückner

♥

15
warum denn leugnen, sag, warum, daß
die liebe eine reise / des menschen, die kürzeste,
die längste, / die schönste, / zum menschen.
Siegfried Heinrichs, Liebesgedicht

♥

16
WAS MAN SO BRAUCHT ...

Man braucht nur eine Insel
allein im weiten Meer.
Man braucht nur einen Menschen,
den aber braucht man sehr.
Mascha Kaléko

♥

17
Du bist ein Rettungsanker,
der einzige in meinem Leben.
Pablo Neruda an Albertina Rosa

♥

JULI

18
Ein Tag ohne dich,
das ist wie das Meer ohne Festland.
Es gibt nichts,
wohin man zurückkehren könnte,
auf das man sich freuen könnte.
Iwan Klíma, Liebesgespräche

♥

19
Meine Liebesgedanken
schwimmen Dir entgegen.
Iwan an Claire Goll

♥

20
Alles, was mein Herz
hier gesammelt hat:
Mimosen, Falter, Seesterne,
das blaue Gefühl des Meeres,
Geheimnisse seiner Muscheln
und Steine und die Ewigkeit,
die mir der Seewind schenkte,
schenke ich Dir.
Claire Goll an Rainer Maria Rilke

♥

21
Du machst mich reich.
Henry Miller an Hoki Tokuda

♥

JULI

22 Ich meine, die Liebe ist gar nicht etwas, was man in Händen hat und dem schenken kann, dem man gern möchte, sondern man ist ihr einfach ausgeliefert. Sie kommt von außen und geht nur durch einen hindurch zu dem andern hin und man *muß* einfach mit.
Maria von Wedemeyer an Dietrich Bonhoeffer

♥

23 Es gibt keine fünf oder sechs Weltwunder, sondern nur eines: die Liebe.
Jacques Prévert

♥

24 Du Geschenk des Himmels.
Juan Rulfo an Clara Aparicio

♥

25 Du hattest kein Glück, und ich hatte keins;
Wir nahmen einander, nun haben wir eins.
Wo haben wir es denn hergenommen?
Es ist vom Himmel auf uns gekommen.
Friedrich Rückert

♥

26 Lieben heißt, unser Glück
in das Glück eines anderen zu legen.
Gottfried Wilhelm von Leibniz

JULI

27 Ich werde Geschichten lernen, um sie Dir zu erzählen, ich werde neue Wörter erfinden, um Dir zu sagen, daß ich Dich liebe wie niemanden sonst.
Frida Kahlo an José Bartolí

♥

28 Mein kleiner Gassenbub, meine kleine Veranda, mein Alles!
Albert Einstein an Mileva Marić

♥

29 *Mein engel!*
urkitschig
aber wahr
Christa Reinig, Müßiggang ist aller Liebe Anfang

♥

30 Ich möchte Dich am liebsten in ein großes Tuch wickeln, Dich auf den Arm nehmen und weit weg tragen, wo Sonne und Frieden ist und ich Dich ungeheuer verwöhnen kann.
Günther an Joy Weisenborn

♥

31 Du bist mein Sommer immer gewesen und wirst es für immer sein.
Max an Annie Dauthenday

AUGUST

AUGUST

1

LIEBEN HEISST
das
Rechnen verlernen:

Eins plus Eins gleich Eins
Eins minus Eins gleich Zwei
Eins mal Eins gleich Unendlich
Eins durch Eins gleich Glücklich.
Robert Gernhardt

♥

2

In der Liebe versinken und verlieren sich
alle Widersprüche des Lebens.
Nur in der Liebe sind Einheit und Zweiheit
nicht im Widerspruch.
Rabindranath Tagore

♥

3

Hat man einmal angefangen, doppelt zu leben,
so halbiert einen die Trennung. Du hast keine
Ahnung, und auch ich hatte keine richtige, wie
du mir fehlst.
Heinrich Blücher an Hannah Arendt

♥

4

Jedermann braucht einen Menschen, und für
mich ist dieser Mensch Du.
Wladimir W. Majakowskij an Lilja Brik

♥

AUGUST

5

Nun komm schnell nach Hause,
mein Schnäubchen. Die Iris, der Mohn
und die wilden gelben Rosen stehen
noch in Blüte und ich hoffe,
daß sie auch am Sonntag noch da sind.
Ich kann's kaum erwarten,
dich wieder hier zu haben.
Kurt Weill an Lotte Lenya

♥

6

Ich sitze halbstundenlang
und tu nichts als Dich liebhaben,
als ob das eine Beschäftigung wäre.
Hermann Broch an Ea von Allesch

♥

7

Gerade weil ich Dich so sehr liebe, gibt es
tausend Kleinigkeiten, die ich über Dich wissen
will, und zwar nicht aus Neugier, sondern aus
dem Bedürfnis heraus, ganz nah heranzu-
krabbeln, in Dein alltägliches Leben und in
Deine alltäglichen Gedanken hinein – selbst die
albernsten und trivialsten Dinge werden wichtig,
wenn sie Teil des geliebten Wesens sind.
Radclyffe Hall an Evguenia Souline

♥

AUGUST

8

Sonntag morgens 9 Uhr. In meiner Stube piepst eine Kanarie, ticken zwei Uhren, nein drei Uhren, schnarcht ein taubstummer Dachs, duftet mein Kaffee, habe ich gar keinen Eßwillen, nur Lust nachzudenken über meine Romanidee, und immer entwischen meine Gedanken, und wenn ich suche, wo finde ich sie? »Mein richtiges Herz das ist anderwärts, anderswo«.
Joachim Ringelnatz an Muschelkalk

9

Vor Verlangen ist,
Liebster, in tausend Stücke
mein Herz zerbrochen.
Aber es ging von allen
auch nicht eines verloren.
Izumi Shikibu

10

Nun ist es aber der denkbar ungeeignetste Moment, Herzbruch zu bekommen. Der Monat August, sagen die Fachärzte, eigne sich garnicht dazu. April und Mai seien dafür dagewesen mit ihren Mondkrüglein voller Honigtrost. Im August solle man reisen und vergessen.
Iwan an Claire Goll

AUGUST

11 Wären Sie gern auf dem Mond mit mir, Liebling, oder hätten Sie Angst?
Simone de Beauvoir an Nelson Algren

♥

12 Ich liefere mich Dir aus, ohne Angst, ohne Hintergedanken, mit keinem anderen Gefühl als dem einer großen Seelenruhe.
Albert Schweitzer an Helene Bresslau

♥

13 Ich habe vier Fragen
(für dich) nach vierblättrigem Klee
Ich habe drei Fragen
(die alten) für dich nach deinen drei Wünschen
Ich habe zwei Fragen:
was ich dir sein und nicht sein darf?
Ich habe eine Frage:
Wie ich dich glücklich seh?
Erich Fried, Achtundzwanzig Fragen

♥

14 Ich möchte etwas Tee haben, und Schokolade – und Kuchen und Marmelade, und dünne Brotschnitten mit Butter – und angenehmen Unsinn – und den besten Mann in der Welt an meiner Seite.
Stella Patrick Campbell an George Bernard Shaw

♥

AUGUST

15 Liebstes Kornblumenmätzchen,
Schaukelbadewanne meiner Gefühle –
Kurt Tucholsky an Mary Gerold

♥

16 Wenn ich denke, wie ich früher war (noch vor kurzem), und was Du oder eigentlich meine Liebe zu Dir aus mir gemacht haben, so glaube ich an Zauberei und Hexentränke und alles.
Ninon Dolbin an Hermann Hesse

♥

17 Mein fliegender Fisch, mein einzigartiger Schmetterling, mein Liebster, mein Zauberkasten!
Consuelo an Antoine de Saint-Exupéry

♥

18 Ich habe schon immer ein Faible für ausgefallene Dinge gehabt; gerade deshalb gefällst Du mir ... Ausgefallenes gibt es nicht im Überfluß ...
Juan Rulfo an Clara Aparicio

♥

AUGUST

19 Komm schnell, jetzt, sofort, mit Stachelbeeren und Küssen für mich.
Dylan Thomas an Caitlin Macnamara

♥

20 Später Augusttag:
Ich bringe ihm den Garten
in meiner Schürze.
Alexis Rotella

♥

21 Tausend blaubeeren
hast du mir gepflückt
ich küsse deine tausend
blauen fingerspitzen
Christa Reinig, Müßiggang ist aller Liebe Anfang

♥

22 Tausend Küsse für dich von deinem alten
Liebhaber, Freund, Gemahl, Komponisten
und Rasenmäher Kurti.
Kurt Weill an Lotte Lenya

♥

AUGUST

23 So ein schönes Wetter und Du bist nicht da!
Claire an Iwan Goll

24 Du hast mir noch nicht gesagt, ob du willst, daß ich komme.«
»Es geht hier nicht darum, was ich will. Es wäre einfach unvernünftig.«
»Warum wäre es unvernünftig, wenn wir doch Sehnsucht nach einander haben?«
Iwan Klíma, Liebesgespräche

25 Was sind 24 Stunden Flug, wenn man den Mann, den man liebt, wirklich sehen will?
Simone de Beauvoir an Nelson Algren

26 Schreibe mir doch, wann Du Samstag in Dresden ankommst ... Ich hole Dich gleich ab und wir küssen uns und es kommt der Abend, wir sehen auf die Elbe und ich lerne ganz perfekt sächsisch.
Ernst Bloch an Karola Piotrkowska

AUGUST

27 Ich weiß gar nichts Vernünftiges zu sagen, ich möchte Dich nur streicheln und küssen und mich an Dich schmiegen und in Deine Augen schauen.
Ninon Dolbin an Hermann Hesse

♥

28 Wo Amors Pfeil recht tief getroffen,
Da stehen Himmel und Hölle offen.
Theodor Fontane, Irrungen, Wirrungen

♥

29 Ich glaube, daß man erst durch Himmel und Hölle hindurch muß, ehe man frei und gescheit ein Mädchen küßt, eine Frau liebt und eine Sommernacht lang vergnügt ist.
Kurt Tucholsky

♥

30 Bei aller »Ohren aufgestellter« und schwanzwedelnder Zurückhaltung besteht meine Hundeseele natürlich unbedingt auf ein nicht zu weit auseinandergerücktes Lager. Na, Du kennst ja die alten Hunde.
... und apportieren werd ich eh, was die Sommerlaune eingibt.

Hast Du dieses kleine Bellen verstanden?
Horst Janssen an Gesche Tietjens

AUGUST

31 Ich glaub, Du weißt es schon,
daß ich Dich ganz hundsgemein schrecklich
und ganz rasend lieb hab!!!
Günther an Joy Weisenborn

SEPTEMBER

SEPTEMBER

1

SEPTEMBERMORGEN

Du und ich durchdrungen vom Licht
eines Septembermorgens. Wir verstehen uns
mit der Haut und der Luft
die sich um unsere Haut legt
darunter das Herz
das jetzt so friedfertig schlägt.
Bald öffnen sich die
Kastanienschalen von selbst
geben die Frucht frei.
Ulla Hahn

2

So ein ganz stiller Wirtsgarten mit hohen, alten Bäumen – voll Septembersonne – Kastanien, die ab und zu dumpf auf den warmen Boden aufschlagen und platzen und so viel Bernsteinmahagoni-Glanz haben wie nichts in der Welt – bunte Tischtücher, das erste goldbraune Laub … und Zwetschgenkuchen und Heidelbeerkuchen und Erinnerung …
ich wollte dir etwas davon mitbringen –
Erich Maria Remarque an Marlene Dietrich

3

Es gibt Tage und Augenblicke, die ich nie vergessen werde, alles Dinge, die unseren Schatz an Erinnerungen vermehren. Hab Dank dafür, daß du immer so zärtlich zu mir warst – mein vollkommener Gefährte, mein teuerster Freund, mein Liebster.
Vita Sackville-West an Harold Nicolson

SEPTEMBER

4
Meine Kleine, mein Liebling, ich bin glücklich,
wenn ich daran denke, daß Du die Meine bist.
Und ich denke viel, Chérie.
Heinrich Blücher an Hannah Arendt

♥

5
Es gehört ja niemand so zusammen
wie wir zwei, nicht?
Joy an Günther Weisenborn

♥

6
Also Kopf hoch, Brust heraus, Bauch herein
und den Mund zum Kuß gespitzt.
Iwan an Claire Goll

♥

7
Ich denke, ich werde es mir schon gefallen
lassen, wie Du's Küssen treiben wirst. Ist doch
Dein Liebkosen so recht nach meinem Herzen,
so warm, so lebendig, so zart.
Henriette von Willich an Friedrich Schleiermacher

♥

8
Liebe ist Berührung –
innerlich wie äußerlich.
Irina Rauthmann

♥

SEPTEMBER

9 Du hast nicht nur Zauberkraft in den Händen,
sondern auch in Deiner Stimme, im Geist,
in Deinem ganzen Körper. Du bist etwas zum
Feiern, wie das Leben selbst.
Henry Miller an Brenda Venus

♥

10 Sollen wir heute mal was ganz Tolles machen?
Was wir noch nie, nie, nie gemacht haben?
Was überhaupt noch nicht einmal
ein böser Räuber gemacht hat
oder ein Königssohn?
Ja? Sollen wir das heute mal machen?
Was keiner auf der ganzen Welt weiß?
Kein Mensch und auch keine klitzekleine Maus?

Ja? Sollen wir das jetzt mal machen?
Peter-T. Schulz

♥

11 Ich warte auf Sie. Ich tue sonst nichts.
Simone de Beauvoir an Nelson Algren

♥

12 Wie fließend sie ist,
die Sprache unsrer Körper –
schon beim ersten Mal.
Frank Dullaghan

♥

SEPTEMBER

13 Es ist so leicht für Dich, mich in den siebenten Himmel zu heben.
Jane Welsh an Thomas Carlyle

14 Wie die Sonne gibst du allen Dingen Farbe.
Harold Nicolson an Vita Sackville-West

15 Ich ordne
die figuren
deiner sommersprossen
zum sternhimmel
Christa Reinig, Müßiggang ist aller Liebe Anfang

16 Die Fahrt durch den Abend war wunderschön, ich hab' nichts gelesen und nichts getan als den Kopf hinausgestreckt und gesungen und immer an Dich gedacht. Oder eigentlich nicht an Dich gedacht, sondern mit Dir gesprochen und Dich liebkost.
Theodor Heuss an Elly Knapp

SEPTEMBER

17
Ich kann weder essen noch schlafen, weil ich nur an Dich denke, Liebste, ich mag nicht einmal mehr Pudding.
Lord Nelson an Lady Hamilton

♥

18
Du selber bist ein süßes Kompott, Birne Helène oder eine Schüssel Mirabellen, innen und außen Du, ich würde gerne jede halbe Stunde einen Löffel nehmen.
Gottfried Benn an Ursula Ziebarth

♥

19
Mir tut das Herz weh, wenn ich durch diese Insel streife, an Tamarinden, Agaven, Eukalyptus und Rosmaringebüschen vorbei: und du bist nicht da, sie zu pflücken, sie zu beschnuppern. Diese Insel ist eine ganze Apotheke des Herzens.
Iwan Goll an Paula Ludwig

♥

20
Ich sende Dir das Süßeste, was die Auvergne hervorbringt: Honig. Da er hier jedem empfindlichen Magen vom Arzt verordnet wird, dachte ich auch an Deinen, da ich ja an Dein Herz nicht denken darf. Er wurde eigens für Dich von den am besten dressierten Bienen gemacht, die sich nur von weißen Akazienblüten zu nähren hatten.
Claire Goll an Rainer Maria Rilke

SEPTEMBER

21
Du bist das Süße in Person, in jedem Augenblick spüre ich, wie es meinem Leben Geschmack gibt.
Juan Rulfo an Clara Aparicio

22
Sie haben so viel für mich getan, so ruhig und zärtlich. Überall war Liebe, im Duft der Blumen, im Geschmack des Whiskys, in der Farbe der Taschenbücher, kostbare, süße und schmerzvolle Liebe.
Simone de Beauvoir an Nelson Algren

23
Du bist so klug und sanft, Liebling –
ich weiß immer, daß ich bei dir Trost und Rat finden werde.
Harold Nicolson an Vita Sackville-West

24
Es kommt der Herbst. Die Luft saust kalt.
Ein Schauer streicht durch Welt und Wald.
Gib mir den Mund. Komm zu mir her.
Umarme mich. Mich friert so sehr.
Klabund, Gang durch den herbstlichen Wald

SEPTEMBER

25 Ich denke, Du fühlst es, wie ich Dich halte und um Dich bin und jede Nacht an Dir, über Dir, Dich ganz zudecke, Liebe, und Du kannst ganz ruhig sein, denn ich bin auch ruhig.
Bertolt Brecht an Marianne Zoff

26 Ein ganzes Bett –
und doch legt er sein Haupt
in meine Hand.
Jane Reichhold

27 Ich werde auch meinen Schutzengel noch zu deiner Wache bestellen; denn wenn du behütet bist, so bin ich geborgen.
Bettine Brentano an Achim von Arnim

28 Ich schließe die augen
und du bist da
ich öffne die augen
und du bist da
Christa Reinig, Müßiggang ist aller Liebe Anfang

SEPTEMBER

29
Unsere Nähe ist das Element, in dem ich mich
am liebsten aufhalte.
Roger Willemsen, Kleine Lichter

♥

30
VERSUCH EINER DEFINITION

So nahe am Herzen
eines Menschen zu ruhn,
daß man vor lauter Glückseligkeit
schon zu müde ist, auch nur die Hand zu heben
nach seinem geliebten Gesicht –
oder auf seine Lippen
noch den einen Kuß zu hauchen,
den zu geben man so sehr verlangt, –

das ist Liebe.
Christine Busta

OKTOBER

OKTOBER

1
Wie süß ist alles erste Kennenlernen!
Du lebst so lange nur, als du entdeckst.
Doch sei getrost: unendlich ist der Text,
und seine Melodie gesetzt aus – Sternen.
Christian Morgenstern

♥

2
Ich wußte nicht, daß ich dich liebe, bis ich mir dabei zuhörte, es dir zu sagen – einen Augenblick lang dachte ich »Du großer Gott, was hab ich da erzählt?«, und dann wußte ich, es war die Wahrheit.
Bertrand Russell an Lady Ottoline Morell

♥

3
Wollen wir dabei bleiben, zusammenzugehören?
Ich meine ja.
Kurt Tucholsky an Mary Gerold

♥

4
Hier, nimm meine Hand. Deine Straße ist auch meine.
Caroline von Linsingen an den Duke of Clarence

♥

OKTOBER

5
Ich machte eben einen Herbstgang: Dahlien auf meinem Tisch. Auch Herbstzeitlose schon. Alles in Deinem Namen gepflückt.
Iwan an Claire Goll

♥

6
Ich nannte dich »du«, das ist der anzüglichste Kosename. »Du« ist viel. »Du« ist ins Ohr flüstern, ist quer durch einen Raum voller Leute sehen, in deinen Blick tauchen und wissen: Es ist gut.
Roger Willemsen, Kleine Lichter

♥

7
WORT AN WORT

Wir wohnen
Wort an Wort

Sag mir
dein liebstes
Freund

meines heißt
DU
Rose Ausländer

♥

OKTOBER

8

Ich liebe Deine Sanftmut
und ich liebe Deine Energie –
beides zusammen bist *Du*.
Gottfried Benn an Ursula Ziebarth

♥

9

Trink um Himmels Willen keinen Schnaps,
wenn Du wegen unserer Trennung verzweifelt
bist – trink Rotwein & nicht zuviel davon.
Radclyffe Hall an Evguenia Souline

♥

10

Ich bin immer noch vernünftig, arbeite hart,
trinke nicht – wirklich brav. Wenn dieser letzte
Satz auch ein bißchen gelogen ist, so ist es
dieser nicht: ich habe Sie nie so sehr geliebt.
Simone de Beauvoir an Nelson Algren

♥

11

(Kräutertee):
Wichtig ist
daß wir gemeinsam trinken
nicht daß wir
champagner trinken
Christa Reinig, Müßiggang ist aller Liebe Anfang

♥

OKTOBER

12 Ich ... habe in den Sternhimmel geguckt und beschlossen, daß ich Dir ein neues Stelldichein geben muß: Wir wollen Punkt 10 Uhr beide an den großen Bär gucken. Da kann man 10 Minuten lang sich im Weltall ganz sicher treffen.
Elly Knapp an Theodor Heuss

♥

13 Wie weich ist das Fell
　　einer Bärin –
　　　　wenn ein Männchen naht.
Seishi Yamaguchi

♥

14 Ich bin so voll von Liebe,
Wie die Traube ist voll von Süße,
Mein Herz ist wie im Sommer
Der volle Apfelbaum.
Otto Julius Bierbaum, Glück

♥

15 Deine Liebe steigt in mir
wie ein süßer toller Most.
Vom Herbstgeruch Deines Leibes
bin ich erfüllt.
Iwan an Claire Goll

♥

OKTOBER

16 Ich hab Dir noch nicht gesagt, wie eifrig, wie innig ich an Dich gedacht habe. ... Kauf Dir doch um Gotteswillen einen Hosenträger und bring den Kindern Äpfel mit.
Bettine an Achim von Arnim

♥

17 In dem großzügigen Reich Deiner Zuneigung mußt Du mir eine kleine Provinz zuteilen ... wo ich mein kleines Wörtchen in den Angelegenheiten Deines Reiches mitzureden habe und eine kleine Stimme im Donner Deines Parlaments bin.
Violet Trefusis an Vita Sackville-West

♥

18 Ein Lächeln von Dir löst Gewitter auf.
Clemens Brentano an Luise Hensel

♥

19 Die Sonne strahlt und lauter Gold hängt an den Bäumen. Ich brauchte nur Dich, um es herunterzupflücken.
Maria von Wedemeyer an Dietrich Bonhoeffer

♥

OKTOBER

20

Mein Voltschogelkatz,
nein, mein Schaltkogel-vo-rsicht,
mein Goldvogelschatz –
Erich Kästner, Briefe aus dem Tessin

♥

21

Altweibersommer ...
zwei Liebende rollen sich
auf dem Blätterbett.
Giovanni Malito

♥

22

HERBSTABEND

Du liest in einem Buch.
Ich schaue dich an
und muß lächeln.
Herbstwind drückt gegen
die Fensterscheibe,
die Bäume verlieren
ihre letzten Blätter.
Das Buch unsrer Liebe
gewinnt von Tag zu Tag.
Hans Kruppa

♥

OKTOBER

23 Na, mein großer Baum: ... Ich werde deine tanzenden Blätter betrachten und an jemanden denken, der weit, weit weg ist – und doch so nah. Aber den Namen werde ich dir nicht sagen, du brauchst nicht alles zu wissen.
Albert Schweitzer an Helene Bresslau

♥

24 Ich liebe dich und gehöre dir und mein Name ist überall auf dein kleines, weiches, weißes Ich geschrieben.
Vita Sackville-West an Harold Nicolson

♥

25 Soll ich noch ein PAAR GROSSE WORTE SCHREIBEN? Herzele, herzele, herzele – die heben wir für Dich auf, für mich nur die kleinen lieben zärtlichen leisen vertrauten täglichen stündlichen beständigen – vernünftigen und unvernünftigen worte worte worte.
Christine Brückner an Otto Heinrich Kühner

♥

26 Ich bin keine Freundin vieler Worte. Entweder Sie wollen, oder Sie wollen nicht. Entschließen Sie sich rasch.
Clara Clairmont an Lord Byron

♥

OKTOBER

27
Liebe ist nur ein Wort,
aber sie trägt alles, was wir haben.
Ohne sie wäre die Welt leer.
Oscar Wilde

♥

28
Ich grüß dich hübsch, ich grüß dich fein,
grüß dich in sieben Sprachen.
Und wenn du mich nicht grüßen willst,
so muß ich dich bestrafen.
Aus einem alten Lied

♥

29
Ich bin gar nicht darüber überrascht,
daß Sie so gut italienisch schreiben.
Es ziemt sich für Sie, die Sprache der Liebe
zu beherrschen.
Voltaire an Marie-Louise Denis

♥

30
Jetzt sage ich nur auf Wiedersehen und bringe
den Brief zur Post. In diesem Brief ist so viel Liebe,
daß das Flugzeug auseinanderbrechen könnte.
Simone de Beauvoir an Nelson Algren

♥

OKTOBER

31

WAHNSINNIG VERLIEBT

Einerseits will ich es dir
mit einem Flugzeug
an den Himmel schreiben,
andererseits will ich es dir
nur unter der Bettdecke
in dein Ohr flüstern.

Jedenfalls schreibe ich dir
einen wunderschönen Brief
und lege ihn in den Kühlschrank,
damit er schön frisch bleibt.
Norbert Höchtlen

NOVEMBER

NOVEMBER

1

ich küsse dich
wie du bist
und wie du sein wirst
morgen und später
und wenn meine Zeit vorbei ist
Erich Fried, Wie du solltest geküsset sein

♥

2

Daß Du Dir keine Regenhaut kaufst über den Kopf und alles andre, verstehe ich nicht. Eines Tages holst Du Dir eine Lungenentzündung, stirbst und ich komme um. Mit dem letzteren wäre ich einverstanden, mit dem ersteren nicht, denke daran.
Gottfried Benn an Ursula Ziebarth

♥

3

MORGENS UND ABENDS ZU LESEN

Der, den ich liebe
Hat mir gesagt
Daß er mich braucht.

Darum
Gebe ich auf mich acht
Sehe auf meinen Weg und
Fürchte von jedem Regentropfen
Daß er mich erschlagen könnte.
Bertolt Brecht

♥

NOVEMBER

4
Ich möchte meine Hand ausstrecken und dich berühren. Ich möchte um dich sein und für dich sorgen. Ich möchte da sein, wenn du krank bist und wenn du dich einsam fühlst.
Edith Wharton

♥

5
Du bist ein wenig mein großer Schutzengel auf Erden. Oft werde ich Dir das nicht sagen, aber einmal sage ich es Dir; es muß sein.
Albert Schweitzer an Helene Bresslau

♥

6
Denkst du an mich
gedeihe ich
aus der ferne
ebnest du meinen weg
Christa Reinig, Müßiggang ist aller Liebe Anfang

♥

7
Es gibt nichts größeres als daß ein Mensch ein Segen für andere ist, nicht wahr? Nicht nur eine Hilfe, ein Gefährte, ein Freund, sondern ein Segen. Das ist viel mehr.
Dietrich Bonhoeffer an Maria von Wedemeyer

♥

NOVEMBER

8 Du weißt nicht, wieviel Du mir gibst, ich dagegen nicht, wie ich Dir danken soll für Dein Dasein, Geliebtes, und Für-mich-auf-der-Welt-Sein.
Hermann Broch an Ea von Allesch

♥

9 Es ist ein größeres Glück, den anderen glücklich zu machen, sich zu freuen an des anderen Freude. Daß ich Dich durch mein Da-Sein glücklich mache, ist der Sinn meines Daseins geworden.
Otto Heinrich Kühner an Christine Brückner

♥

10 Verdoppeln läßt sich das Glück nur, wenn man es teilt.
Johann Nestroy

♥

11 GEMEINSAM

Das Messer teilt unser Brot
in gleiche Stücke.
Wo deine Lippen am Glas lagen,
trink ich den zweiten Schluck.
Geh in meinen Schuhen!
Wenn der Winter kommt,
wärmt mich dein Mantel.
Wir weinen aus einem Auge,
schließen am Abend die Tür,
allein zu sein. Im Schlaf
greifen deine Träume in meine.
Hans Bender

NOVEMBER

12 Du und ich: Wir sind eins.
Ich kann dir nicht weh tun,
Ohne mich zu verletzen.
Mahatma Gandhi

♥

13 Du ich – da steht es nun! ich wollte schreiben
Du und ich – aber so herausgerutscht aus dem
Kopf, finde ich Du ich eigentlich viel schöner!
Erich Maria Remarque an Marlene Dietrich

♥

14 Sag »Schatz«, wenn Du schreibst –
Vita Sackville-West an Virginia Woolf

♥

15 Es ist dumm, daß man zu Wortumarmungen
gezwungen ist.
Karl Kraus an Sidonie Nádherný von Borutin

♥

16 Meine Gedanken strecken sich
nach dir aus.
Max Dauthendey, Komm heim

♥

NOVEMBER

17 Ich dachte so sehr an Dich, ich lebte so sehr mit Dir, ich sprach so sanft mit Dir – daß ich glatt vergaß, daß es die Post gibt.
Jean Cocteau an Jean Marais

♥

18 Wenn Sie schweigen, fürchte ich immer, daß Sie gerade geheiratet und fünf Kinder bekommen haben und ich Sie nie wiedersehe. Ich warne Sie: Sie können mir das im Moment nicht antun.
Simone de Beauvoir an Nelson Algren

♥

19 Natürlich hätte ich längst schreiben sollen. Ich habe heftige Gewissensbisse, etwa sechs Stück.
Kurt Tucholsky an Mary Gerold

♥

20 AM BUSSTAGE

Heut geh nur in die Kirche
Und büße deine Schuld
Und bitte Gott den Vater
Um unverdiente Huld.

Und kann er dir verzeihen,
Vergibt er wohl auch mir,
Daß ich seit vielen Jahren
Gebetet nur zu dir.
Theodor Fontane

NOVEMBER

21
Hab mich doch endlich einmal lieb,
so wie es sich gehört!
Adele Sandrock an Arthur Schnitzler

♥

22
Ich habe Dich sehr lieb und denke immer nur,
daß Dir alles gelingen soll.
Lotte Lenya an Kurt Weill

♥

23
Hab Geduld mit mir, auch wenn ich manchmal schwankend werde im inneren Gleichgewicht & verliere nicht das Vertrauen zu mir – ich bitte Dich! – das Vertrauen, daß ich mich immer wieder hindurchfinden werde.
Helene Bresslau an Albert Schweitzer

♥

24
Du mußt mich nicht bitten, Vertrauen zu haben.
Ich bestehe nur aus Vertrauen in Dich.
Elly Knapp an Theodor Heuss

♥

NOVEMBER

25 Vertrauen und Liebhaben läßt sich eben nicht erklären. Du mußt mir nicht dafür danken; es ist mir selbst ja ein großes, unfaßbares Geschenk. Ich hab selbst nichts dazu getan. Es war da, als ich Dich kennenlernte – ohne daß ich es wußte, ohne daß ich es mir eingestanden hätte.
Maria von Wedemeyer an Dietrich Bonhoeffer

♥

26 Du bist so wunderbar, und ich nehme Deine Liebe wie ein Wunder an.
Ninon Hesse an Hermann Hesse

♥

27 Es ist kühl auf der Welt. Die letzten Tage bogen und verbeugten sich die dicksten Bäume. Heute allerdings ist der Himmel blauer als blau. Trotzdem muß man und Frau die Nieren und noch edleren Organe warmhalten, da nicht immer jemand dabei ist, der sie warm halten kann.
Erich Kästner, Briefe aus dem Tessin

♥

28 Ach, erlaube, daß ich winde
Meinen Arm um deinen Hals;
Man erkältet sich geschwinde
In Ermanglung eines Schals.
Heinrich Heine, Fürchte nichts, geliebte Seele

♥

NOVEMBER

29

Du hast immer einen Vorwand,
ich glaub, Du bist ein Schelm.
Bettine Brentano an Achim von Arnim

♥

30

GELUNGENER ABEND

Kommst du mit rein?
Aufn Schluck Wein.

Setzt du dich hin?
Aufn Schluck Gin.

Bleibst du noch hier?
Aufn Schluck Bier.

Gehn wir zur Ruh?
Aufn Schluck Du.
Robert Gernhardt

DEZEMBER

DEZEMBER

1

Dankbar
für jeden Tag
Du bist mir ausgeliehen
auf Zeit
Wolfgang A. Senft, Forever

♥

2

Gestern abend hast Du gesagt: »Ich würde so gerne noch eine Weile mit Dir zusammenleben!« Es wurde mir ganz warm ums Herz! Ja, auch ich würde (nur) Deinetwegen gerne noch einige Zeit auf diesem doch recht schönen Planeten leben!!
Otto Heinrich Kühner an Christine Brückner

♥

3

Ich liebe Dich mit all unserer Zukunft – unserem gemeinsamen Leben, das eben jetzt Wurzeln getrieben hat und in der Sonne gedeiht.
Katherine Mansfield an John Middleton Murry

♥

4

Die Liebste gab mir einen Zweig
Mit gelbem Laub daran.

Das Jahr, es geht zu Ende
Die Liebe fängt erst an.
Bertolt Brecht, Liebeslied

♥

DEZEMBER

5

Du bist wirklich endlich *mein* Mensch.
Auf den ich immer gewartete habe.
Es ist zweifellos ein Wunder.
Max Beckmann an Mathilde Kaulbach

6

Ich hoffe, Sie finden immer noch,
daß ich ein hübsches kleines Geschenk
für Ihren Weihnachtsschuh bin.
Simone de Beauvoir an Nelson Algren

7

Du bist der vornehmste, lieblichste, zärtlichste,
schönste Mensch, dem ich je begegnet bin, aber
selbst das ist noch eine Untertreibung.
F. Scott an Zelda Fitzgerald

8

Kleines, Liebes, Gutes, Einziges, Braves, Schönes;
das sollen lauter Küsse sein, die Dich auf viele geliebte Stellen treffen sollen, damit sie sich alle
nach mir sehnen.
Heinrich Blücher an Hannah Arendt

DEZEMBER

9
Wie gern ich Dein Hemd sein möchte – Dich ganz umgeben, Dich spüren, Dich wärmen, Dir nah sein, von Dir geliebt werden –
Ninon Dolbin an Hermann Hesse

10
Geliebte, – mal sind wir so, mal sind wir anders, aber immer sind wir dicht zusammen. Ich jedenfalls!
Gottfried Benn an Ursula Ziebarth

11
Ich bin kein Gegenstand für Abendgesellschaften, ich werde nie Aufsehen erregen durch Bügelfalten, aber ich bin ein breiter Kachelofen, an dem Du Schutz und Wärme finden wirst.
Ludwig Thoma an Maidi von Liebermann

12
Der Ofen singt / es schneyt.
Du lihbe Weihachts-Zeit!
Rükk her / du Traute.
Bey Frost und Feuer-Schein /
zu Moßkateller Wein /
klingt süß die Laute.
Arno Holz, Er freut sich / daß es Winter ist.

DEZEMBER

13
Du versorgst mich mit Licht, mit Lichtern,
ich spüre es ganz stark, und ich lebe davon.
Paul Celan an Gisèle Lestrange-Celan

♥

14
Ich sehe Dich ganz einfach als den Menschen,
den ich am meisten liebe in der ganzen Welt und
ohne den das Leben all sein Licht und all seinen
Sinn verlieren würde.
Harold Nicolson an Vita Sackville-West

♥

15
DEM PAAR GESAGT

In hellen wie in heitern Tagen
soll eine froh die Lust des andern tragen.
Robert Gernhardt

♥

16
Wollust
... ich hab wohl Lust
allein – mir fehlt die Wolle.
* Jawoll *
Woll und Haben
da liegt's
Horst Janssen an Gesche Tietjens

♥

DEZEMBER

17
Ich träume von Dir
vom Kopf bis zu den Füßen.
Paul Eluard an Gala

♥

18
Zünde mir alle Sterne
in deinen Augen an,
daß ich aus weiter Ferne
mich in dir finden kann.
Miriam Frances, Laß uns zusammenfinden

♥

19
Hier ist soviel Schnee und es ist kalt und
es könnte herrlich sein, mit dir spazieren zu
laufen und Schlitten zu fahren – Und nachts
die Kälte vor den Fenstern knacken zu hören
und die Sterne funkeln zu sehen und beieinander zu liegen.
Erich Maria Remarque an Marlene Dietrich

♥

20
Bewahre Dich, liebes Herz, bei den glatten
Wegen, falle nicht, erkälte Dich nicht, Du bist
mein Leben.
Achim an Bettine von Arnim

♥

DEZEMBER

21
Du machst meinen weg
in gedanken
fühlst ihn voraus
und ortest seine gefahren
Christa Reinig, Müßiggang ist aller Liebe Anfang

♥

22
Die Sonne, die Dezembersonne, die Weihnachtssonne ist's, die Liebessonne, die dein Tal wie meinen Fluß überglänzt.
Iwan Goll an Paula Ludwig

♥

23
Als ich gestern mit meinem Bäumchen durch den Abend ging ... lag glitzernder Schnee und der tiefe Himmel mit den unzähligen Freudensternen spannte sich darüber. Alles Weihnachten beginnt im Himmel.
Maria von Wedemeyer an Dietrich Bonhoeffer

♥

24
Wenn wir uns auch dieses Jahr keine Geschenke machen können, wir sind keine Ausnahme, und wir haben *ein* Geschenk füreinander, ein verschwenderisch reiches Geschenk: unsere Liebe, und das genügt.
Günther an Joy Weisenborn

♥

DEZEMBER

25 Mein Jeannot,
es ist Weihnachten, das wunderbarste Weihnachten meines ganzen Lebens. In meinem Weihnachtsstrumpf finden sich Dein Herz, Dein Körper, Deine Seele, die Lust zu leben und zusammen zu arbeiten.
Jean Cocteau an Jean Marais

♥

26 Daß du geboren bist! ... Du Weihnachtliche! Geschenk, nie gesucht, nie erfleht, weil nie geglaubt!
Erich Maria Remarque an Marlene Dietrich

♥

27 Mich zu bereichern, schick nichts mehr. Nur schwör, / Du glaubest fest, ich liebe dich, nichts mehr.
John Donne, Das Liebespfand

♥

28 Was für ein glückliches Jahr. Und: da ist kein Ende abzusehen und: es wird immer noch schöner. Glück und Erfolg. Rosen und Lorbeer. Wer hat das schon! ...
Ich mag Dich!
Ich liebe Dich!
Christine Brückner an Otto Heinrich Kühner

♥

DEZEMBER

29
Wie Du mich trägst und hältst, Du mein liebster, mein einziger Freund – wo wäre ich, was wäre ich denn ohne Dich! Welch ein wunderbares Jahr ist's, das jetzt zu Ende geht –
Helene Bresslau an Albert Schweitzer

♥

30
Wohin richten wir unsere Augen?
Wie alle Paare der Zukunft zu.
Roger Willemsen, Kleine Lichter

♥

31
ZUKUNFT

Die Zukunft kommt
schon morgen früh?
Kann man die nicht verschieben?
Ich wär so gern
und zwar mit dir
im Heute hier geblieben.
Paul Maar

QUELLENNACHWEIS

Herausgeber und Verlag danken den nachstehenden Rechteinhabern für die freundliche Genehmigung des Abdruckes der Gedichte, Prosatexte und Übersetzungen. In einigen Fällen waren die Inhaber der Rechte trotz aller Bemühungen nicht ausfindig zu machen. Für Hinweise sind wir dankbar.

Arendt, Hannah, Heinrich Blücher: *Briefe 1936–1968*. Hrsg. und mit einer Einführung von Lotte Köhler. © Piper Verlag GmbH, München 1999

Ausländer, Rose: *Leg meinen Traum* (aus: *Verbundenheit II*), aus: *Ich höre das Herz des Oleanders*. Gedichte 1977–1979. © S. Fischer Verlag GmbH, Frankfurt a. M. 1984

dies.: Wort an Wort, aus: *Im Aschenregen die Spur deines Namens. Gedichte und Prosa 1976*. © S. Fischer Verlag GmbH, Frankfurt a. M. 1984

Beauvoir, Simone de: *Eine transatlantische Liebe. Briefe an Nelson Algren 1947–1964*. Hrsg. von Sylvie Le Bon de Beauvoir. Deutsche Übersetzung von Judith Klein. © Rowohlt Verlag GmbH, Reinbek bei Hamburg 1999

Bender, Hans: Gemeinsam, aus: *Lyrische Biographie*. Werkkunstschule Wuppertal 1957. © Hans Bender

Benn, Gottfried: *Hernach. Gottfried Benns Briefe an Ursula Ziebarth. Mit Nachschriften zu diesen Briefen von U. Z. und einem Kommentar von Jochen Meyer*. © Wallstein Verlag, Göttingen 2001

Berger, Jutta: *Zuckerwatte am Himmel*. © Jutta Berger

Bernstein, F. W.: An und für Dich, aus: *Die Gedichte*. © Verlag Antje Kunstmann GmbH, München 2003

Bonhoeffer, Dietrich, Maria von Wedemeyer: *Brautbriefe Zelle 92. 1943–1945*. Hrsg. von Ruth-Alice von Bismarck und Ulrich Kabitz. © Paul Weller

Brecht, Bertolt: *Schreib mir, was du anhast!* (aus: *Fragen*), aus: *Werke. Große kommentierte Berliner und Frankfurter Ausgabe, Bd. 11: Gedichte 1*. © Suhrkamp Verlag, Frankfurt a. M. 1988; Morgens und abends zu lesen, aus: *Werke. Große kommentierte Berliner und Frankfurter Ausgabe, Bd. 14, Gedichte 4*. © Suhrkamp Verlag, Frankfurt a. M. 1993; *Die Liebste gab mir einen Zweig* (aus: *Liebeslied*), aus: *Werke. Große kommentierte Berliner und Frankfurter Ausgabe, Bd. 15, Gedichte 5*. © Suhrkamp Verlag, Frankfurt a. M. 1993

ders.: *Briefe an Marianne Zoff und Hanne Hiob*. Hrsg. von Hanne Hiob. Suhrkamp Verlag, Frankfurt a. M. 1990. © Stefan S. Brecht

Broch, Hermann: *Das Teesdorfer Tagebuch für Ea von Allesch.* © Suhrkamp Verlag, Frankfurt a. M. 1995

Brückner Christine, Otto Heinrich Kühner: *Ich will Dich den Sommer lehren. Briefe aus vierzig Jahren.* Hrsg. von Friedrich W. Block. © Ullstein Buchverlage GmbH, Berlin 2003

Busta, Christine: Versuch einer Definition, aus: *Inmitten aller Vergänglichkeit. Gedichte.* © Otto Müller Verlag, 2. Aufl., Salzburg 1998

Celan, Paul, Gisèle Celan-Lestrange: *Briefwechsel.* Aus dem Französischen von Eugen Helmlé. © (der deutschen Übersetzung) Suhrkamp Verlag, Frankfurt a. M. 2001

Cocteau, Jean: *Briefe an Jean Marais.* Aus dem Französischen von Annette Meyer-Prien. © Lambda Edition Verlags-, Druck- und VertriebsGmbH, Hamburg 1989

Einstein, Albert, Mileva Marić: *»Am Sonntag küss' ich dich mündlich«. Die Liebesbriefe 1897–1903.* Hrsg. und eingeleitet von Jürgen Renn und Robert Schulmann. © Piper Verlag GmbH, München 1994

Finck, Werner: Surrealistischer Vierzeiler, aus: *Finckenschläge.* © F. A. Herbig Verlagsbuchhandlung GmbH, München. (Eine Live-Lesung des Autors ist auf der Audio-CD *Alter Narr, was nun? Geschichte meiner Zeit* zu hören.)

Fitzgerald, F. Scott und Zelda: *Lover! Briefe.* Hrsg. von Jack R. Bryer und Cathy W. Barks. © Deutsche Verlags-Anstalt, München, in der Verlagsgruppe Random House 2004

Fried, Erich: *Die Kilometer* (1. Strophe aus: *Der Weg zu dir*); *Meine Sonne ist scheinen gegangen* (1. Strophe aus: *Eifriger Trost*); *Ich habe vier Fragen* (2. Strophe aus: *Achtundzwanzig Fragen*), alle aus: *Liebesgedichte.* © Verlag Klaus Wagenbach, Berlin 1979, 1995

ders: *ich küsse dich* (aus: *Wie du solltest geküsset sein*), aus: *Unverwundenes.* © Verlag Klaus Wagenbach, Berlin 1988, 1995

Fritz, Walter Helmut: *Jetzt wo ich die Teekanne*, aus: *Aus der Nähe. Gedichte 1967–1971.* © Hoffmann und Campe Verlag, Hamburg 1972

Fujiwara no Hirotsugu: *Dieser Blütenzweig*, aus: *Japanische Jahreszeiten. Tanka und Haiku aus dreizehn Jahrhunderten.* Aus dem Japanischen übersetzt von Gerolf Coudenhove. © Manesse Verlag, Zürich 1963, in der Verlagsgruppe Random House GmbH, München

Gernhardt, Robert: *Viel schon ist getan*, aus: *Besternte Ernte.* Zweitausendeins, Frankfurt a. M. 1976. © Robert Gernhardt, durch Agentur Schlück. Alle Rechte vorbehalten

ders.: Lieben heißt, aus: *Die Florian-Freyer-Gedichte*, in: *Gedichte 1954–1997.* © Robert Gernhardt 1996, 1997, 1999. Alle Rechte vorbehalten S. Fischer Verlag GmbH, Frankfurt a. M.

ders.: Gelungener Abend; Dem Paar gesagt, aus: *Weiche Ziele.* © Robert Gernhardt 1994. Alle Rechte vorbehalten S. Fischer Verlag GmbH, Frankfurt a. M.

Goll, Claire und Iwan: *Meiner Seele Töne.* Überarbeitete und erweiterte Lizenzausgabe, Scherz 1978. © Alle Rechte bei und vorbehalten durch Wallstein Verlag, Göttingen

Goll, Iwan, Paula Ludwig: *Ich sterbe mein Leben. Briefe 1931–1940.* Hrsg. und kommentiert von Barbara Glauert-Hesse. © Limes Verlag Frankfurt a. M. – Berlin 1993

Hahn, Ulla: Fast; Septembermorgen, aus: *Unerhörte Nähe. Gedichte.* © Deutsche Verlagsanstalt, München, in der Verlagsgruppe Random House GmbH 1998

dies.: Auswendig lernen, aus: *So offen die Welt. Gedichte.* © Deutsche Verlagsanstalt, München, in der Verlagsgruppe Random House GmbH 2004

Haiku für Liebende. Hrsg. von Manu Bazzano. Aus dem Englischen übertragen von Hans Christian Meiser. © Patmos Verlag GmbH & Co. KG, Düsseldorf 2005. Published by arrangement with MQ Publications Limited. Darin: Bailey, *Sonnenuntergang;* Dullaghan, *Wie fließend;* Malito, *Altweibersommer;* McDonald, *Auf dem Staub;* Reichhold, *Ein ganzes Bett;* Reumer, *Die ersten Briefe;* Rotella, *Später Augusttag;* Senryu: *Hörst du wohl;* Soseki, *Frühlingsregen;* Yamaguchi, *Wie weich*

Hall, Radclyffe: *Deine John. Die Liebesbriefe der Radclyffe Hall.* Aus dem Englischen übersetzt und mit einem Vorwort von Annette Huber. © edition ebersbach, Berlin 1999

Hesse, Ninon: *Lieber, lieber Vogel. Briefe an Hermann Hesse.* Ausgewählt, erläutert und mit einem Essay eingeleitet von Gisela Kleine. Suhrkamp Taschenbuch Verlag (st 3373), Frankfurt a. M. © Gisela Kleine

Heuss, Theodor, Elly Knapp: *So bist Du mir Heimat geworden.* © Deutsche Verlags-Anstalt, München, in der Verlagsgruppe Random House GmbH 1986

Höchtlen, Norbert: Wahnsinnig verliebt, aus: *Großer Ozean. Gedichte für alle.* Hrsg. von Hans-Joachim Gelberg. © Beltz & Gelberg in der Verlagsgruppe Beltz, Weinheim – Basel 2000, 2006

Izumi Shikibu: *Vor Verlangen ist,* aus: *Lyrik des Ostens.* Hrsg. von Wilhelm Gundert. © Carl Hanser Verlag, München 1952

Janssen, Horst: *»Ach, Liebste, flieg mir nicht weg.« Briefe an Gesche.* Hrsg. von Gesche Tietjens. © Rowohlt Verlag GmbH, Reinbek bei Hamburg 2004

Jepsen, Peter: Dieses kleine Gedicht, aus: *Großer Ozean. Gedichte für alle.* Hrsg. von Hans-Joachim Gelberg. © Beltz & Gelberg in der Verlagsgruppe Beltz, Weinheim – Basel 2000, 2006

Kaléko, Mascha: Was man so braucht ..., aus: *In meinen Träumen läutet es Sturm. Gedichte und Epigramme aus dem Nachlaß*. Hrsg. und eingeleitet von Gisela Zoch-Westphal. © Deutscher Taschenbuch Verlag 1977

Kästner, Erich: *Du meine Neunte letzte Sinfonie!* (aus: *Nachtgesang des Kammervirtuosen*), aus: *Werke. Bd. I. Gedichte*. © Thomas Kästner

ders: *Briefe aus dem Tessin*. © Thomas Kästner

Klíma, Ivan: *Liebesgespräche*. Aus dem Tschechischen von Anja Tippner. © Paul Zsolnay Verlag, Wien 2002

Kruppa, Hans: Ideales Zusammensein; Liebe ist etwas Leichtes (2. Strophe aus: *Liebe ist etwas Leichtes*); Standort; Herbstabend, aus: *Ganz für dich. Liebesgedichte*. © Hans Kruppa

Krüss, James: Märzküsse, aus: *Der wohltemperierte Leierkasten*. © C. Bertelsmann Jugendbuch Verlag, München, in der Verlagsgruppe Random House GmbH, München 2001

Kunert, Günter: Unterwegs mit M., aus: *Warnung vor Spiegeln. Gedichte*. © Carl Hanser Verlag, München 1970

Kunze, Reiner: Du weißt zur stunde ihn an fernem ort, aus: *Gedichte*. © S. Fischer Verlag GmbH, Frankfurt a. M. 2001

Leiber, Eva-Maria: Für dich, aus: *Freunde sind wie Sterne in der Nacht*. Verlag am Eschbach, Eschbach 2006. © Eva-Maria Leiber

Maar, Paul: Zukunft, aus: *Großer Ozean. Gedichte für alle*. Hrsg. von Hans-Joachim Gelberg. © Beltz & Gelberg in der Verlagsgruppe Beltz, Weinheim – Basel 2000, 2006

Mägerle, Christian: Einmaleins, aus: *»Irgendwogeläut«. Gedichte*. St. Gallen 1978. © Christian Mägerle

Ooshikôchi no Mitsune: *Meine Liebe fragt nicht*, aus: *Lyrik des Ostens*. Hrsg. von Wilhelm Gundert. © Carl Hanser Verlag, München 1952

Prévert, Jacques: Der Garten; Welchen Tag haben wir (aus: *Lied*), aus: *Gedichte und Chansons*. Deutsche Übersetzung von Kurt Kusenberg. © Rowohlt Taschenbuch Verlag GmbH, Reinbek bei Hamburg 1962

Rambeck, Brigitta: Handy. © Brigitta Rambeck

Reinig, Christa: *Schön fühlt sichs an; Ich möchte mal; Du sitzt gegen das licht; Mein engel!; Tausend blaubeeren; Ich ordne; Ich schließe die augen; (Kräutertee); Denkst du an mich; Du machst meinen weg*, aus: *Sämtliche Gedichte*. © Verlag Eremiten-Presse, Düsseldorf 1979

Remarque, Erich Maria: *»Sag mir, daß du mich liebst ...« Erich Maria Remarque – Marlene Dietrich. Zeugnisse einer Leidenschaft*. Hrsg. von Werner Fuld und Thomas F. Schneider. © Kiepenheuer & Witsch, Köln 2001, 2003

Rilke, Rainer Maria, Claire Goll: *»Ich sehne mich sehr nach Deinen blauen Briefen«. Briefwechsel*. © Wallstein Verlag, Göttingen 2000

Rulfo, Juan: *Wind in den Bergen. Liebesbriefe an Clara.* Aus dem Spanischen und mit einem Nachwort von Susanne Lange. © (der deutschen Ausgabe) Suhrkamp Verlag, Frankfurt a. M. 2003

Sackville-West, Vita, Harold Nicolson: Victoria Glendinning: *Vita Sackville-West. Eine Biographie.* © Frankfurter Verlagsanstalt GmbH, Frankfurt a. M. 1990

Schnitzler, Arthur, Adele Sandrock: *Dilly. Geschichte einer Liebe in Briefen, Bildern und Dokumenten.* Zusammengestellt von Renate Wagner. © Amalthea Verlag, Wien – München 1975

Schulz, Peter-T.: *Glaubst du eigentlich* (aus: *Was glaubst du denn?)*; *Komm, wir wollen küssen üben* (aus: *Komm, wir wollen!)*; *Am Weg zu dir* (aus: *Wilder Klee),* aus: *Liebesgedichte.* Münster 2004; *Sollen wir heute mal,* aus: *Ein Glück!* Köln 1987. © Peter-T. Schulz

Schweitzer, Albert, Helene Bresslau: *Die Jahre vor Lambarene. Briefe 1902–1912.* Hrsg. von Rhena Schweitzer Miller und Gustav Woytt. © C. H. Beck'sche Verlagshandlung, München 1982

Senft, Wolfgang A.: Mosaik; *Dankbar* (aus: *Forever).* © Wolfgang A. Senft

Weill, Kurt: *»Sprich leise, wenn du Liebe sagst«. Der Briefwechsel Kurt Weill – Lotte Lenya.* Hrsg. und übersetzt von Lys Symonette und Kim H. Kowalke. © Kiepenheuer & Witsch, Köln 1998, 2000

Weisenborn, Günther, Joy Weisenborn: *»Einmal laß mich traurig sein«. Briefe, Lieder, Kassiber 1942–1943.* Hrsg. von Elisabeth Raabe unter Mitarbeit von Joy Weisenborn. © Arche Verlag AG, Raabe & Vitali, Zürich 1984. Abdruck mit Genehmigung der Liepman AG, Zürich

Willemsen, Roger: *Kleine Lichter.* © S. Fischer Verlag GmbH, Frankfurt a. M. 2005

Ein alphabetisches Verzeichnis der Gedichte finden Sie in der Rubrik »Zusatzmaterial« unter www.dtv.de